¡Apúntate! 1

Manuel Vila Baleato

Un vecino muy raro

Cornelsen

1 ¡Por fin vacaciones!

Después de un curso muy largo, los chicos del Instituto Pablo Picasso por fin pueden irse de vacaciones de verano.

Los alumnos salen del instituto y hablan sobre sus planes para las vacaciones.

«Nosotros vamos a pasar las vacaciones en Mallorca. Mis padres siempre quieren ir porque mis tíos tienen una casa allí. Ya conozco a mucha gente. ¡Mola mucho! Vamos a la playa, tomamos el sol, nadamos en el mar …»

«Este verano mi hermano Juan y yo vamos a ir un campamento de verano. Es una pasada: hay piscina, talleres, juegos … Ah, y la última semana de las vacaciones también voy a visitar a mi padre en Madrid. ¡Mis vacaciones van a ser geniales!»

«Nosotros tenemos un plan nuevo. Este año mis abuelos no pueden venir desde México, así que ... ¡mis hermanos y yo vamos a viajar a México solos! Es que mis padres tienen que trabajar y ...»

¿Y yo? ¿Qué voy a hacer aquí yo solo?

2 Solo en casa

Después de jugar la Liga, la Copa y la Champions League treinta y cuatro veces con su club favorito en su consola de videojuegos, Nico ya no tiene ganas de jugar …

Nico está aburrido y piensa mucho en sus amigos … Entonces escucha el timbre, es el cartero. Normalmente Nico no mira las cartas que llegan a casa pero hoy … ¡hay tres postales para él!

¡Hola, Nico! ¿Qué tal?
¡Muchos recuerdos desde Alicante! ¡Esto es genial! Hace mucho calor, pero en el campamento hay piscina, podemos ir en piragua y también hacemos deporte en la playa. Ahora tenemos muchos amigos nuevos y bueno ... creo que Juan tiene una amiga un poco "especial" Y tú, ¿qué me cuentas? ¿Qué tal en Valencia?
Un abrazo y hasta pronto,
Mateo

Nico Romero Sánchez
Calle de Bailén, n° 22 - 1°A
46007 Valencia

¡Hola, Nico! ¿Cómo estás?
Mira, este año mi familia y yo no podemos pasar las vacaciones en Mallorca. Te escribo esta postal porque estoy en el pueblo de mis abuelos ... ¡y aquí hay muy poca cobertura!
Aquí a veces hace frío o llueve, pero hoy hace buen tiempo. Por eso mi prima Judith y yo primero vamos a hacer una excursión y vamos a escalar, luego vamos a alquilar una barca y vamos a pescar. Por la tarde vamos a hacer una hoguera con los chicos del pueblo.
Un beso y muchos saludos a tu familia,

Julia

¡Hola, Nico!
¡Saludos desde México!
Por aquí hace mucho sol y mucho calor.
Normalmente estoy con mis primos y
pasamos las mañanas en el centro de la
ciudad. Visitamos lugares interesantes
y a veces también vamos de compras.
Por la tarde vamos a una plaza con
los chicos. Cuando hace mal tiempo,
vamos al polideportivo o a la sala de
juegos. ¿Y tú qué tal? ¡Cuenta! ¿Qué tal
tus vacaciones de verano?
Un saludo,

Ana

Nico Romero Sánchez
Calle de Bailén, n° 22-1°A
46007 Valencia

Después de leer las postales de sus amigos, Nico piensa …

¿Qué tal yo? Uf … aburrido como una ostra.

3 Aburrido como una ostra

Los padres de Nico tienen que trabajar muy temprano y él está solo en casa. Normalmente duerme hasta las once de la mañana y pasa todo el día en su habitación, aburrido como una ostra. Después de desayunar, busca vídeos en Internet o juega un poco con la consola.

Hoy hace mucho calor y Nico tiene ganas de ir a la playa o a la piscina, pero ¿con quién? Sus amigos no están en la ciudad. ¿A quién va a llamar?

De repente, Nico oye algo en la calle y mira por la ventana de dónde viene el ruido.

Delante del edificio de enfrente, Nico ve a un hombre con una caja de cartón muy grande.
El hombre es alto y tiene el pelo negro y corto. Tiene más o menos 45 años y lleva gafas. ¿Pero quién es este señor que llega con estas cajas?
Tiene que ser un vecino nuevo en el barrio.

Después de recoger una caja pequeña, el hombre entra en la casa.
Dos minutos después sale por la puerta y habla con alguien.

Ahora no puedo hablar, lo siento ... No ... todavía no ... Es imposible ...

De repente, Nico escucha algo raro:

– «Tranquilo, yo ahora estoy en el centro comercial y no puedo ir a casa ... pero voy a estar ahí a las dos y media, ¿vale?»

¿Cómo? ¿En el centro comercial? Aquí hay algo raro ... .

4 ¿Quién es el vecino nuevo?

Tres minutos después, el hombre entra otra vez en la casa, ahora con tres cajas pequeñas. Cuando sale, mira otra vez a la derecha y a la izquierda. Entonces coge su móvil y llama a alguien:

Sí, diga ... Ah, señor López. ¡Buenos días! No, no estoy enfermo ... Sí, sí, por aquí todo bien, todavía estoy en casa ... pero voy a salir en un minuto ... sí, sí ... un problema con mi hijo ... Solo necesito veinte minutos más ... Ya voy ...

«El hombre esconde algo.» – piensa Nico.

¿Quién es el vecino nuevo?

¿Con quién habla el hombre?

¿Qué hay en las cajas de cartón?

¿Por qué dice «en el centro comercial», cuando está en la calle?

5 Un paquete para el vecino

Después de comer hace mucho calor y Nico duerme un poco en el sillón enfrente de la tele. De repente escucha el timbre. Es el cartero. Tiene una caja de cartón no muy grande y le pregunta a Nico:

– ¡Hola, Nico! ¿Qué tal? Qué suerte que tienes vacaciones y puedes estar tranquilo en casa, ¿verdad?
– Sí, claro …
– ¡Oye! Tengo este paquete para el vecino nuevo … vive en la casa de enfrente.
– Ah, sí … vive ahí, en el número 23.
– ¿Puedes coger tú el paquete para él?
– ¿Yo? Pero yo no … ¿Quién es? ¿Cómo se llama?
– Pedro Vergara. Ahora no está en casa, pero va a venir y entonces le puedes dar el paquete, ¿vale?
– De acuerdo.

Nico mira el paquete y entonces escucha algo …
«Ah, es un reloj.» – piensa tranquilo.

Por la tarde, Nico mira a veces por la ventana, pero no ve al hombre en la calle o en su casa. De repente, a las seis de la tarde, suena su móvil.

– ¿Sí?

– Ya veo, mamá. Dime ...

– Ehm ... Sí, todo genial.

– Vale, no hay problema. Papá y yo podemos cenar unas pizzas.

– Adiós, mamá.

– ¡Hola, Nico! Soy yo, mamá.

– ¿Qué tal? ¿Todo bien?

– Mira, te llamo porque voy a llegar muy tarde a casa. Tengo que ir a cenar con unos clientes. Lo siento ...

– Creo que es una buena idea. Luego hablamos, un beso.

Un paquete para el vecino

Cuando su madre tiene que trabajar hasta muy tarde, Nico y su padre casi siempre cenan pizza o una tortilla y ven una película en la tele. Por eso Nico va a la estantería para buscar una peli divertida, pero entonces recibe un mensaje de su padre:

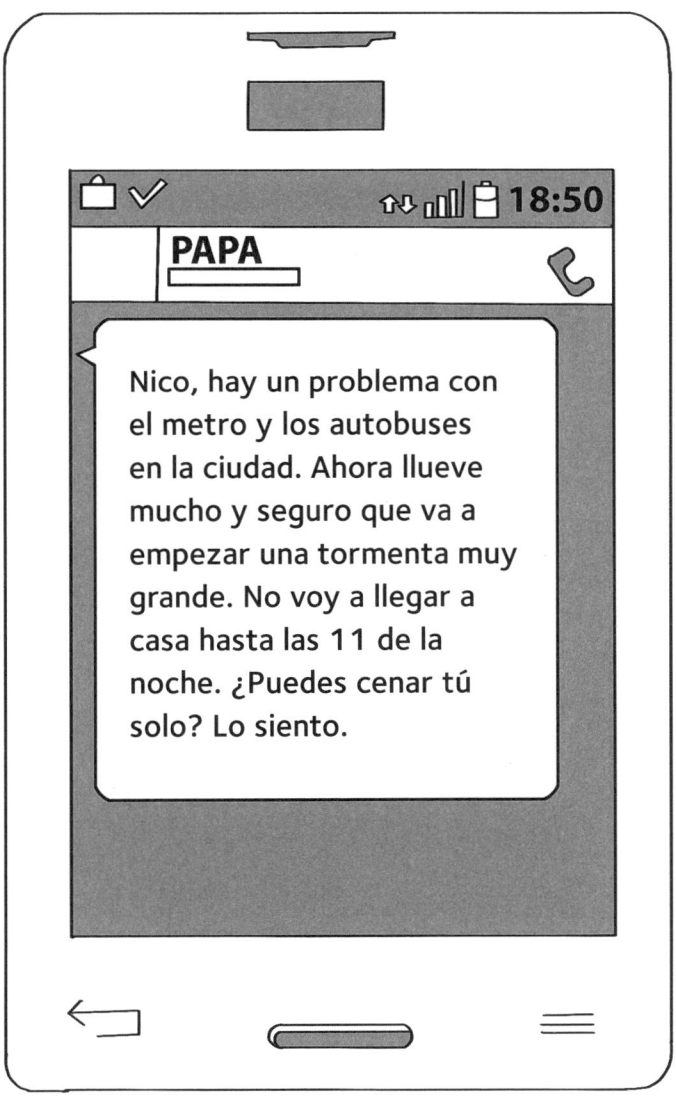

18:50

PAPA

Nico, hay un problema con el metro y los autobuses en la ciudad. Ahora llueve mucho y seguro que va a empezar una tormenta muy grande. No voy a llegar a casa hasta las 11 de la noche. ¿Puedes cenar tú solo? Lo siento.

6 Pip pip pip

Hay una tormenta de verano y llueve mucho en la calle. Nico está solo en casa y quiere llamar a 'Pizza-Luigi' cuando, de repente, escucha un ruido raro en la cocina:

«Pip pip pip pip»

Entonces, Nico va a la cocina y escucha que el ruido sale del paquete.

Nico piensa «¿Y si es una bomba?», y corre al baño.

Después de tres o cuatro minutos, Nico abre la puerta de la cocina – ya no escucha el ruido. En ese momento, suena el timbre de la casa. «¿Quién puede ser a las diez y media de la noche? ¡El vecino nuevo! ¡Tranquilo, tranquilo!» – piensa Nico cuando va a la puerta para abrir.

7 Una tormenta de verano

En la calle todavía llueve mucho. No hace frío, pero la tormenta sigue y los padres de Nico todavía no están en casa. A las 22.18 Nico recibe un mensaje de su madre en su móvil:

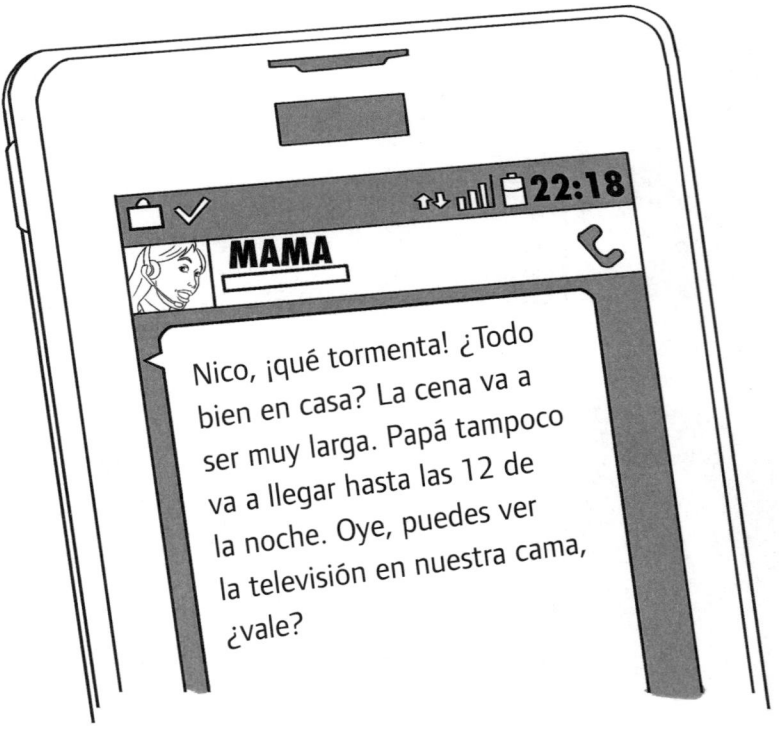

Rápido y no muy contento, Nico escribe solo: «De acuerdo».

Entonces Nico mira por la ventana y ve delante de la casa de enfrente, a su vecino Pedro Vergara. En la calle está su coche. En ese momento, Vergara saca algo muy grande del coche:

Nico no lo puede ver bien porque llueve mucho y piensa:

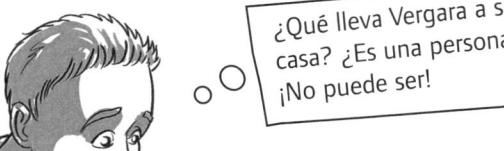

¿Qué lleva Vergara a su casa? ¿Es una persona? ¡No puede ser!

Nico busca su teléfono móvil para llamar a sus padres o a la policía y entonces ve que no tiene cobertura, «¡Oh, no! ¡La tormenta! ¿Y qué hago ahora?»

No hay cobertura

8 Sin cobertura

Nico está muy nervioso y mira por la ventana, cuando de repente ve luz en un piso de la casa de enfrente. Todavía llueve mucho pero Nico puede ver a su vecino por la ventana.

Nico piensa: «¡Qué pasada! Tiene que ser una persona muerta. Nuestro vecino nuevo es un asesino … y yo no puedo llamar a la policía porque no hay cobertura.»

Nico piensa en hablar con los vecinos del edificio, pero en agosto están de vacaciones. También piensa en salir y hablar con alguien en la calle, pero llueve mucho y la calle está vacía. Coge su móvil y quiere llamar a su madre, pero solo escucha:

Por problemas en la red, en este momento no hay cobertura.

Nico mira por la ventana
al piso de su vecino.
Ahora Vergara ya no lleva
a la persona muerta y va
a la cocina. Ahí busca algo
y entonces coge un cuchillo
muy grande.

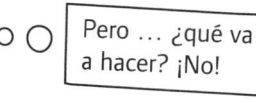 Pero … ¿qué va a hacer? ¡No!

Nico está muy nervioso y mira otra vez su móvil … ¡sin cobertura!
De repente, ve que ya no hay luz en el piso de su vecino.

Entonces Nico ve como su vecino sale
de casa. Todavía llueve mucho.

○ ○ ¿Qué pasa? ¿Dónde está Vergara?

○ ○ ¿Adónde va ahora? ¿La persona muerta está en su piso y él sale a la calle?

9 Una visita por la noche

Nico piensa: «¡Tengo que hacer algo! Pero … ¿qué?» – Entonces, de repente, suena el timbre.

El timbre de casa suena tres veces, pero Nico no quiere abrir la puerta porque tiene miedo. «¡Tiene que ser Vergara! ¿Por qué está allí?»

Al final Nico abre la puerta y ve a su vecino con una botella vacía.

– Disculpa, ya es muy tarde, pero soy nuevo aquí y todavía no tengo amigos en el barrio … Tú eres muy simpático, gracias por coger mi paquete. Por favor, ¿me puedes dar un poco de aceite de oliva?

– …

– ¿Estás solo en casa? ¿Dónde están tus padres?

– …

– ¿Chico? ¿Estás bien?

– Sí, sí, claro … un momento, por favor …

– Toma, coge la botella … solo necesito un poco para una ensalada.

Nico va a la cocina y viene con un poco de aceite en la botella.

Aquí tiene.

– ¡Muchas gracias! ¿Cómo te llamas?

– ¿Yo?

– ¡Claro! ¿Quién va a ser?

– Yo … me llamo … Ni … Nico, señor …

– No – «Señor» no – somos vecinos … Yo me llamo Pedro …

– Eh … sí, claro …

– ¿Y cuántos años tienes tú?

– ¿Yo? … Tengo … tengo 13 años … ¿por qué?

– Pues, te pregunto porque …

En ese momento suena el móvil de Nico. Es su madre que le llama al móvil.

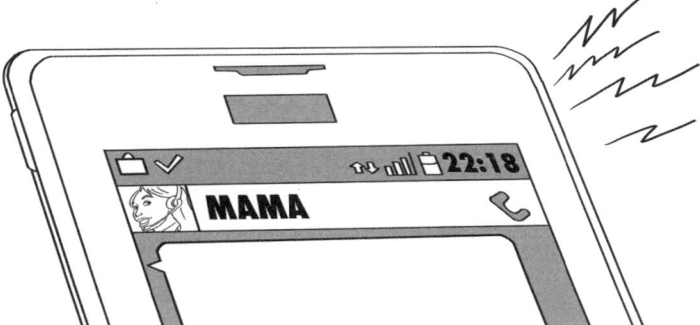

– Lo siento, es mi madre.
– Claro … ¡Muchas gracias y hasta mañana!
– ¡Hasta mañana, señor Vergara!
– Pedro, me llamo Pedro …

10 ¿Un vecino asesino?

Después de cerrar la puerta, Nico está un poco más tranquilo y habla con su madre:

– ¿Nico? ¿Estás bien? ¿Qué te pasa?

– Sí, sí, tranquila … por aquí todo bien, hay problemas con la cobertura …

– Por eso te llamo. Estamos en el restaurante y en la calle llueve mucho, vamos a estar aquí un poco más y va a venir un taxi en treinta o cuarenta minutos.

– Ah, vale … Mamá, estoy un poco nervioso. Tenemos un vecino nuevo que es muy raro …

– ¿Muy raro? ¿Por qué?

– ¡Porque tiene una persona muerta en casa!

– Una … ¿qué? ¡Nico, por favor!

– Sí, mamá …

– Pero, hijo, ¿qué me cuentas? Escucha, … pip pip pip pip …

De repente, Nico está sin cobertura y ya no puede hablar con su madre. Quiere llamar a su padre, pero otra vez escucha el mensaje:

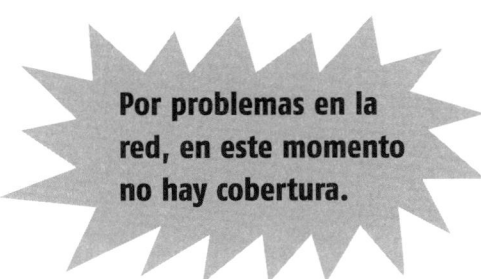

Por problemas en la red, en este momento no hay cobertura.

Nico tiene una idea: «¡El teléfono de casa! ¡Puedo llamar a la policía con el teléfono de casa!»

Corre al salón y toma el teléfono,
pero esta vez escucha un ruido muy raro:

SHSHSHSGRGRGR

¡No puede ser! ¡Otra vez la tormenta!

11 Preguntas y más preguntas

Entonces Nico, todavía solo en casa, piensa en las preguntas del señor Vergara:

Muy nervioso, Nico piensa:
– «¿Por qué quiere el vecino toda esa información sobre mí?».

Nico mira por la ventana para ver a su vecino. La calle todavía está vacía y llueve mucho.

De repente, Nico ve al señor Vergara, que lleva a la persona muerta …

Entonces Pedro Vergara sale de esa habitación
y va a la cocina. Allí coge otra vez
el cuchillo grande y Nico piensa:

Cuando Vergara sale de la cocina para ir a la habitación,
Nico no lo piensa más: «¡Tengo que hacer algo!»,
corre y sale de su casa a la calle.

12 Un héroe no tiene miedo

Nico corre para llegar a la puerta del edificio de sus vecinos.
Toca el timbre y entonces escucha al señor Vergara:
– ¿Sí? ¿Quién es?

– ¡Buenas noches, señor Vergara! Soy yo, Nico, el vecino de
  enfrente …
– Ah … el chico del paquete. ¿Qué quieres?
– Eh …
– Un momento … llueve mucho, abro la puerta. Es el piso
  3° Izquierda …

Nico tiene mucho miedo y corre a la calle.

13 Pizza cuatro quesos

Pedro Vergara corre detrás de Nico y cuando va a salir a la calle, cierra la puerta muy rápido y habla otra vez con él:

– Pero, ¿qué haces? ¿Qué te pasa, chico? ¿Estás bien?
– ¡No! ¡Por favor, noooo!
– ¿No qué? ¿No te gusta la pizza?
– ¿La pizza? ¿Qué pizza?
– ¡Sí! Una pizza cuatro quesos, ¿te gusta o no? Mi hijo y yo vamos a cenar ahora …
– ¿Su hijo?
– Sí, mi hijo Matías que tiene 12 años … como tú, ¿no?
– Eh … bueno, sí … yo tengo 13.
– Él está en el salón y vamos a cenar la pizza y después vamos a ver una peli, ¿quieres venir?
– Eh …
– ¿Tienes ganas o no? Y sobre todo, ¿están tus padres en casa? Soy nuevo en el barrio y no quiero tener problemas con mis vecinos.
– Ah … por eso las preguntas …
– ¡Claro! ¿Vienes o no?

Nico va con el señor Vergara al piso y los dos entran en el salón, allí está Matías ...

Ahora Nico, por fin, comprende a su vecino.

«Eh, ... Nico, me llamo Nico.»
«¿Te gusta la pizza cuatro quesos? Ven, puedes comer con nosotros.
Después vamos a ver una peli. ¿Tienes ganas?»

14 Una cena divertida

Nico les cuenta a sus vecinos nuevos sus ideas sobre ellos.

Suena un poco raro, pero … ¿Por qué usted le cuenta a alguien que está en un centro comercial cuando yo veo que está en la calle?

Ahhh … es que para Matías el piso nuevo es una sorpresa … jeje … una mentira pequeña …

¿Y la discusión con el señor López?

El señor López es mi jefe. Bueno, esta semana en la oficina tenemos mucho trabajo y ahora, con el nuevo piso, casi no tengo tiempo. A veces llego un poco tarde …

En ese momento suena el móvil de Nico. Es su padre.

– Hola, papá! ¿Qué tal?
– Estoy un poco nervioso, es que llego a casa y no te veo. ¿Dónde estás? ¿Estás bien?
– Sí, papá, claro, tranquilo, estoy en casa de nuestro vecino …
– ¿De nuestro vecino? ¿Quién?
– Sí, papá, de nuestro vecino el asesino, jejeje.
– ¿Qué? ¿Un vecino asesino?
– Tranquilo, papá, es una broma. Estoy en la casa de enfrente. En diez minutos estoy ahí, ¿vale?
– Bueno, vale. También tu madre va a llegar a casa en cinco minutos.

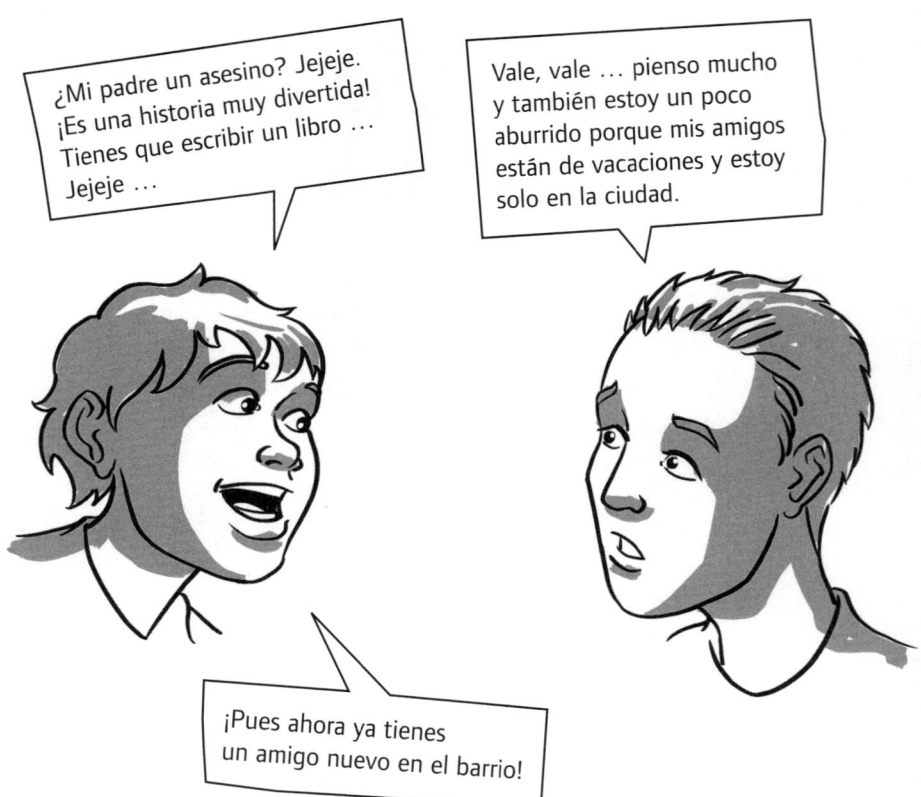

¿Mi padre un asesino? Jejeje. ¡Es una historia muy divertida! Tienes que escribir un libro … Jejeje …

Vale, vale … pienso mucho y también estoy un poco aburrido porque mis amigos están de vacaciones y estoy solo en la ciudad.

¡Pues ahora ya tienes un amigo nuevo en el barrio!

Los capítulos

Vocabulario

Der Lernwortschatz aus **¡Apúntate! 1**, Nueva edición, Unidad 7 ist mit einem Sternchen * gekennzeichnet.

A

aburrido/-a como una ostra   *fam.*
gelangweilt wie eine Auster =
zu Tode gelangweilt

el aceite de oliva   das Olivenöl

alquilar*   mieten

algo raro   etwas Seltsames

alguien   jemand

el año*   das Jahr

el asesino, la asesina   der Mörder,
die Mörderin

el autobús   der Bus

B

la barca*   das Boot

un beso*   Küsschen *(Brief)*

la bomba   die Bombe

la broma   der Scherz

C

la caja   *hier:* die Kiste

el calor*   die Hitze, Wärme

el campamento*   das Ferienlager

la carta*   der Brief

el cartero, la cartera   der Briefträger,
die Briefträgerin

el cartón, de cartón   die Pappe,
aus Pappe

cenar   zu Abend essen

el/la cliente   der Kunde, die Kundin

la cobertura (de móvil)*
der Handyempfang

el coche   das Auto

¿Cómo se llama?   *Wie heißt er/sie?*

comprender (a alguien)   jdn
verstehen

cuando*   (immer) wenn

el cuchillo   das Messer

D

de acuerdo* einverstanden
la discusión die Diskussion

E

la ensalada der Salat
en ese momento in diesem Moment
Es una pasada.* *fam.* Es ist fantastisch.
escalar* klettern
especial *adj.* speziell
la excursión* der Ausflug

F

el frío* die Kälte

H

hace buen/mal tiempo* das Wetter ist gut / schlecht
hace frío* es ist kalt
hace mucho calor* es ist heiß, es ist sehr warm
el héroe, la heroína der Held, die Heldin
el hombre der Mensch, der Mann
la hoguera* das Lagerfeuer

I

la información die Information
el instituto die (Ober-)Schule
ir a* + *inf.* etw. tun werden
ir en piragua* Kanu fahren
ir de compras einkaufen / shoppen gehen

J

el jefe, la jefa der Chef, die Chefin
el juego* das Spiel

L

le* ihm, ihr
llegar tarde (zu) spät kommen
llover (o → ue)* regnen
lo siento* es/das tut mir leid
la luz *hier:* das Licht

M

mandar algo (a alguien)* (jdm) etw. schicken
matar (a alguien) (jdn) töten
me* mir
la mentira die Lüge
el metro die U-Bahn
el minuto die Minute
Un momento, por favor. Einen Moment, bitte.
el motor der Motor
muerto/-a tot

N

nervioso/-a nervös
normalmente normalerweise
el número die (Haus-) Nummer

O

la oficina das Büro
otra vez schon wieder, noch einmal

P

el paquete das Paket
perfecto/-a perfekt, richtig
pescar* angeln, fischen
la piscina* das Schwimmbad,
  der Pool
el plan der Plan
la persona die Person
Por aquí todo bien.* Hier ist alles in
  Ordnung.
por fin* endlich
por primera vez* zum ersten Mal
la postal* die Postkarte
la pregunta die Frage
primero* *adv.* zuerst
el problema das Problem

Q

¡Qué pasada! Das ist heftig!

R

rápido/-a schnell
raro/-a seltsam, komisch
recibir (un mensaje) (eine Nach-
  richt) empfangen, bekommen
recoger aufheben, einsammeln
el recuerdo* der Gruß
recuerdos desde* Grüße aus
la red das (Mobilfunk-) Netz
el reloj die Uhr
el restaurante das Restaurant
el ruido das Geräusch, der Lärm

S

la sala de juegos* der Spieletreff
el saludo* der Gruß, *hier:* Liebe
  Grüße *Brief, E-Mail*
¿Sí, diga?* Ja, hallo? *Am Telefon*
la silla de ruedas der Rollstuhl
simpático/-a sympathisch, nett
solo/-a *adj.* allein
sonar (o → ue) klingeln, klingen
la suerte / Qué suerte. das Glück,
  So ein Glück.

T

el taller* der Workshop

tarde spät

el taxi das Taxi

te* dir

tener miedo Angst haben

el tiempo* das Wetter

el timbre die Klingel

tocar el timbre klingeln (an der Tür)

la tormenta das Unwetter,
   das Gewitter

trabajar arbeiten

U

la última semana* die letzte Woche

V

las vacaciones* *Pl.* die Ferien

vacío/-a leer

el vecino, la vecina der Nachbar,
   die Nachbarin

el verano* der Sommer

viajar (a)* reisen (nach)

¡Apúntate! 1
Nueva edición

Un vecino muy raro
Manuel Vila Baleato

Illustrationen
Rafael Broseta

Redaktion Spanisch
Andrea Finster, Heike Malinowski (Projektleitung)

Umschlaggestaltung
werkstatt für gebrauchsgrafik, Berlin

Layout und technische Umsetzung
orangerie · grafikdesign, Berlin

Hörbuch
Tonaufnahmen: Lucentum Digital
Sprecherin: Carmen Rubio

Unter www.cornelsen.de/webcodes gibt es als kostenlosen Download:
Das Hörbuch und passende Arbeitsblätter zu *Un vecino muy raro*.
Gib folgenden Webcode ein: **warovu**

www.cornelsen.de

1. Auflage, 2. Druck 2019

Alle Drucke dieser Auflage sind inhaltlich unverändert und können im Unterricht nebeneinander verwendet werden.

Druck: Athesiadruck GmbH

ISBN 978-3-06-121228-5

PEFC zertifiziert
Dieses Produkt stammt aus nachhaltig bewirtschafteten Wäldern und kontrollierten Quellen.
www.pefc.de

PEFC/18-31-166